L'Investissement Locatif dans les Mobil-Homes : Comment Réussir

Guide pratique

Marc DELACAMP

L'Investissement Locatif dans les Mobil-Homes : Comment Réussir

Guide pratique pour maximiser la rentabilité de votre mobil-home en location, éviter les pièges et faire fructifier votre investissement dans les campings

TABLE DES MATIERES

Introduction : Pourquoi investir dans un mobil-home dans un camping ?..9

Chapitre 1 : Qu'est-ce qu'un mobil-home dans un camping ?..12

Chapitre 2 : Pourquoi choisir un mobil-home pour de la location ?..15

Chapitre 3 : Choisir le bon camping pour acheter son mobil-home..19

Chapitre 4 : Quel type de mobil-home acheter ?.......................23

Chapitre 5 : La réglementation liée à l'installation d'un mobil-home..28

Chapitre 6 : Optimiser la rentabilité d'un mobil-home en location...32

Chapitre 7 : Les coûts à anticiper et leur impact sur la rentabilité...37

Chapitre 8 : Les avantages de l'investissement locatif dans un mobil-home...41

Chapitre 9 : Les inconvénients et les risques à considérer..45

Chapitre 10 : Témoignages d'investisseurs ayant réussi............50

Chapitre 11 : Études de cas d'investissements ratés : erreurs à éviter...55

Chapitre 12 : Entretenir et rénover un mobil-home pour maximiser sa durée de vie...60

Chapitre 13 : Revente et fin d'investissement : que faire après plusieurs années ?...66

Conclusion...72

Introduction : Pourquoi investir dans un mobil-home dans un camping ?

Le marché de l'immobilier a toujours fasciné les investisseurs en quête de rentabilité, mais tous ne se tournent pas vers les solutions traditionnelles. Alors que l'immobilier classique, comme l'achat d'appartements ou de maisons, requiert souvent des capitaux importants et des démarches administratives complexes, une alternative plus accessible attire de plus en plus d'attention : l'investissement locatif dans les mobil-homes au sein des campings.

En France, le tourisme est une activité majeure, et les campings, autrefois considérés comme des options de vacances modestes, sont devenus de véritables lieux de détente avec des prestations haut de gamme. Avec l'essor du "glamping" (camping glamour), les campings modernes offrent des infrastructures de plus en plus attractives : piscines, restaurants, animations et autres commodités qui plaisent tant aux familles qu'aux couples en quête de nature. Dans ce contexte, les mobil-homes représentent une opportunité intéressante pour les investisseurs.

L'évolution du marché des campings

Ces dernières années, le secteur des campings a connu une véritable mutation. Jadis perçus comme des lieux de vacances économiques, ils se sont peu à peu transformés en véritables complexes touristiques. En 2023, plus de 8.000 campings étaient répertoriés en France, avec une fréquentation qui ne cesse de croître, attirant à la fois des touristes français et étrangers. Selon les chiffres de la

Fédération Nationale de l'Hôtellerie de Plein Air (FNHPA), environ 22 millions de nuitées sont enregistrées chaque année, faisant du camping l'une des formes d'hébergement préférées des vacanciers en France.

Parmi les différentes options d'hébergement proposées dans les campings, le mobil-home est la vedette incontestée. Alliant confort, intimité et proximité avec la nature, il séduit une clientèle variée. Pour l'investisseur, il constitue une option abordable et potentiellement très rentable.

Investissement locatif : une alternative rentable ?

Acheter un mobil-home pour le louer présente de nombreux avantages. Tout d'abord, l'investissement initial est relativement faible comparé à l'achat d'un bien immobilier classique. Un mobil-home neuf coûte entre 20.000 € et 50.000 €, selon la taille, les équipements et la gamme choisis. À ce coût s'ajoute le prix de la location de l'emplacement dans le camping, souvent annuel, mais celui-ci reste généralement abordable.

Ensuite, les charges liées à l'entretien et aux taxes sont nettement inférieures à celles d'un appartement ou d'une maison. Cela permet de dégager une meilleure rentabilité, surtout en haute saison où la demande pour les mobil-homes explose dans les régions touristiques. Un bon emplacement, dans un camping bien noté, peut garantir des taux d'occupation très élevés, allant jusqu'à 90 % pendant les mois d'été.

Cependant, cet investissement ne va pas sans risques. La dépréciation d'un mobil-home est rapide, car il ne s'agit pas d'un bien immobilier au sens classique. Contrairement à une maison ou un appartement, sa valeur diminue avec le temps. De plus, la rentabilité locative dépend énormément de la localisation du camping et de sa capacité à attirer une clientèle régulière. Les investisseurs doivent donc être particulièrement vigilants dans leur choix.

Comparaison avec d'autres types d'investissements

Comparé à l'immobilier traditionnel, l'achat d'un mobil-home est plus accessible financièrement. Alors que le prix moyen d'un appartement en France est de 3 000 € le mètre carré en 2024, l'achat d'un mobil-home représente une fraction de ce coût. Cette accessibilité en fait un choix attractif pour les jeunes investisseurs ou ceux qui souhaitent diversifier leur portefeuille sans se lancer dans des projets trop lourds.

En revanche, la location saisonnière d'un mobil-home présente des spécificités. Contrairement à un appartement en location longue durée, où l'investisseur peut espérer une source de revenus stable toute l'année, un mobil-home est souvent loué sur des périodes courtes et concentrées, principalement durant les vacances scolaires et les mois d'été. Cette saisonnalité exige donc une bonne gestion pour maximiser la rentabilité sur une période de temps limitée.

Chapitre 1 : Qu'est-ce qu'un mobil-home dans un camping ?

Définition d'un mobil-home

Un mobil-home, aussi appelé "résidence mobile de loisirs", est une habitation préfabriquée conçue pour être transportée, mais qui est généralement installée de manière semi-permanente sur un terrain de camping. Contrairement à une caravane ou un camping-car, il n'est pas conçu pour se déplacer fréquemment, bien qu'il soit techniquement transportable. Sa taille, souvent comprise entre 20 et 40 m², en fait un espace habitable confortable avec toutes les commodités nécessaires : cuisine, salon, chambres, salle de bain et parfois même terrasse.

Les mobil-homes modernes sont équipés de tout le nécessaire pour offrir un confort de vie proche de celui d'une maison : électricité, eau courante, sanitaires, isolation thermique et phonique. Ce niveau de confort permet de les louer facilement à une clientèle en quête d'un hébergement alliant nature et commodités.

Différences entre un mobil-home et une résidence secondaire

Beaucoup d'investisseurs hésitent entre l'achat d'un mobil-home et celui d'une résidence secondaire. Si les deux options peuvent être louées, elles présentent des différences majeures. La première réside dans le coût : un mobil-home coûte nettement moins cher qu'une résidence secondaire, notamment dans les zones touristiques où les prix de l'immobilier peuvent être exorbitants.

En revanche, un mobil-home, bien que confortable, est perçu comme un bien dépréciable. Sa durée de vie moyenne est d'environ 15 à 20 ans, après quoi des travaux de rénovation ou le remplacement du mobil-home peuvent être nécessaires. Une résidence secondaire, en revanche, a une durée de vie beaucoup plus longue et peut même s'apprécier avec le temps, surtout si elle est bien située.

Ensuite, la localisation joue un rôle crucial. Un mobil-home est toujours situé dans un camping, ce qui limite les possibilités d'aménagement ou de personnalisation de l'emplacement. Les propriétaires de mobil-homes doivent se conformer aux règles du camping et sont soumis à un loyer annuel pour l'utilisation de l'emplacement. À l'inverse, une résidence secondaire est un bien indépendant sur lequel le propriétaire a un contrôle total, sans loyer à verser.

Le marché des campings en France : contexte et réglementation

En France, le camping est une activité fortement encadrée. Les campings doivent respecter des normes strictes en matière de sécurité, d'hygiène et d'accueil. La majorité des campings où l'on peut installer un mobil-home sont classés de 1 à 5 étoiles, selon leur niveau de services et d'équipements. Cette classification influe directement sur les tarifs de location d'emplacements et sur les loyers des mobil-homes.

Les propriétaires de mobil-homes ne sont pas toujours propriétaires du terrain sur lequel ils installent leur bien. Ils doivent signer un contrat de location avec le gestionnaire du camping, qui leur permet d'utiliser l'emplacement moyennant un loyer annuel. Ce loyer varie considérablement en fonction de la région, des services du camping et de la saisonnalité, et peut aller de 2 000 € à plus de 5 000 € par an.

Il est également important de noter que les mobil-homes sont soumis à des réglementations strictes concernant leur installation. Par exemple, ils ne peuvent être installés que dans des campings ou des parcs résidentiels de loisirs. Leur installation sur un terrain privé est soumise à des restrictions légales et nécessite souvent des autorisations préalables.

Chapitre 2 : Pourquoi choisir un mobil-home pour de la location ?

L'investissement locatif dans un mobil-home présente des caractéristiques uniques, qui peuvent s'avérer très avantageuses pour les investisseurs. Cependant, avant de se lancer, il est essentiel de bien comprendre les motivations qui peuvent pousser à choisir ce type d'investissement. Ce chapitre va explorer les raisons pour lesquelles acheter un mobil-home en vue de le louer peut être une option intéressante, mais également les éléments à considérer pour réussir dans cette entreprise.

Les avantages financiers : coût d'acquisition et potentiel de rentabilité

L'un des principaux atouts de l'investissement dans un mobil-home réside dans le coût d'acquisition relativement bas. Comparé à l'achat d'une résidence secondaire ou d'un appartement, un mobil-home représente une option abordable. En effet, un mobil-home neuf peut coûter entre 20 000 € et 50 000 €, selon les modèles, la taille, les équipements et les matériaux utilisés. En optant pour un mobil-home d'occasion, le prix peut encore diminuer, rendant cet investissement accessible à une large gamme d'investisseurs, y compris ceux avec un budget plus restreint.

Ce faible coût initial, associé à la possibilité de louer le mobil-home sur plusieurs semaines durant la haute saison, peut permettre de dégager une rentabilité intéressante. Par exemple, un mobil-home bien situé dans un camping populaire peut générer des revenus locatifs de 500 € à 1 500 € par semaine en haute saison. Si l'on parvient à louer son bien pendant deux mois durant l'été, les recettes peuvent atteindre 6 000 € à 12 000 €, ce qui couvre souvent une grande partie des frais annuels, comme le loyer de l'emplacement et les charges.

Flexibilité et saisonnalité de la location

L'une des grandes forces du mobil-home est sa flexibilité d'utilisation. En effet, les propriétaires peuvent non seulement le louer à des vacanciers, mais également en profiter pour leurs propres séjours. Cette double utilisation, entre location et usage personnel, est très attrayante, notamment pour ceux qui cherchent un investissement qui allie plaisir personnel et rentabilité.

La location d'un mobil-home est également marquée par sa saisonnalité. Bien que certains campings soient ouverts à l'année, la majorité d'entre eux fonctionne sur une base saisonnière, en particulier dans les zones touristiques. La haute saison s'étend généralement des mois de juin à septembre, période durant laquelle la demande est la plus forte, avec un pic en juillet-août. Cependant, il est également possible de louer en moyenne et basse saison, notamment lors des vacances scolaires de printemps, ce qui permet d'amortir encore mieux les coûts.

Demande croissante pour les vacances en plein air

Le secteur du camping connaît une forte popularité en France. Avec la montée des préoccupations environnementales et le désir de vacances en contact avec la nature, de plus en plus de touristes se tournent vers des séjours en plein air, loin des grands complexes hôteliers. Les mobil-homes, qui allient confort et proximité avec la nature, répondent parfaitement à cette demande.

Le camping est une alternative de vacances appréciée par les familles, les jeunes couples et même les seniors, à la recherche de moments de déconnexion dans un cadre naturel. En 2023, environ 40 % des Français déclaraient avoir séjourné au moins une fois dans un camping, ce qui démontre l'engouement pour ce type de vacances. Cette demande croissante pour les séjours en plein air est un atout pour les propriétaires de mobil-homes, car elle assure une clientèle régulière, particulièrement pendant la haute saison estivale.

Un marché diversifié qui s'adapte à différents profils d'investisseurs

L'un des avantages souvent sous-estimés de l'investissement dans les mobil-homes est la diversité des options proposées par le marché. Que vous soyez un investisseur cherchant à maximiser vos rendements ou un particulier à la recherche d'un pied-à-terre à exploiter durant les vacances, il existe des opportunités pour chaque profil.

- **Investissement locatif pur :** Les investisseurs qui ne souhaitent pas utiliser le mobil-home à titre personnel peuvent opter pour une gestion optimisée de la location. Cela signifie maximiser les périodes de location en basse et haute saisons, via des plateformes comme Airbnb, et travailler de manière étroite avec le camping pour assurer la meilleure visibilité du bien.

- **Usage mixte (location et usage personnel) :** Pour les investisseurs qui souhaitent combiner plaisir et rentabilité, l'usage mixte est une option idéale. Cela permet de louer le mobil-home sur les périodes où ils ne l'utilisent pas, tout en en profitant pour des vacances en famille à des moments précis de l'année.

Chapitre 3 : Choisir le bon camping pour acheter son mobil-home

L'emplacement est sans aucun doute l'un des facteurs clés de succès pour tout investissement immobilier, et cela vaut également pour les mobil-homes. Le choix du camping où installer votre mobil-home aura un impact direct sur la rentabilité de votre investissement. Dans ce chapitre, nous allons explorer les critères essentiels à prendre en compte pour faire le bon choix.

Critères géographiques : zone touristique et proximité des attractions

L'un des premiers éléments à considérer est la localisation géographique du camping. Comme pour toute forme d'investissement immobilier, l'emplacement est primordial pour attirer des vacanciers et maximiser les revenus locatifs. Un camping situé dans une région touristique réputée, à proximité de la mer, d'un lac, ou d'une montagne, aura naturellement une demande plus forte.

Voici quelques critères géographiques à prendre en compte :

- **Proximité des plages** (pour les campings en bord de mer) : Les campings situés à moins de 10 minutes à pied de la plage sont particulièrement prisés.
- **Accès à des sentiers de randonnée ou des activités de plein air** : Dans les régions

montagneuses, la proximité avec des sentiers balisés et des parcs naturels peut attirer des amateurs de nature.
- **Proximité des attractions touristiques** : Un camping proche d'un parc d'attractions, de monuments historiques, ou de sites culturels populaires aura plus de chances d'être fréquenté, ce qui augmentera vos réservations.

La région Provence-Alpes-Côte d'Azur, par exemple, est extrêmement prisée pour les campings, avec une clientèle internationale régulière. En revanche, certains campings dans des zones rurales moins accessibles peuvent avoir du mal à attirer des visiteurs, surtout en basse saison. La demande locative varie énormément selon la région, donc il est crucial de choisir un camping dans une zone à fort potentiel touristique.

Choix du type de camping : luxe, familial ou économique

Tous les campings ne se valent pas, et votre choix doit également se porter sur le type de camping dans lequel vous allez investir. Il existe plusieurs catégories de campings, allant du camping "économique" avec des services limités aux campings de luxe, souvent appelés "glampings", qui offrent des prestations haut de gamme (spa, piscines chauffées, restaurants gastronomiques).

- **Camping de luxe (4 et 5 étoiles)** : Ces campings attirent une clientèle aisée, prête à payer plus cher pour des prestations de qualité. Si vous optez pour ce type de camping, vous pourrez demander des

loyers plus élevés, mais il faut aussi tenir compte du loyer annuel de l'emplacement, qui sera souvent plus cher.
- **Camping familial (2 à 3 étoiles)** : Ces campings sont souvent fréquentés par des familles en quête de vacances économiques, mais confortables. Ils proposent généralement des animations pour enfants, des piscines et des espaces de jeux. Les tarifs de location de mobil-homes y sont plus abordables, mais la demande est constante.
- **Camping économique (1 étoile)** : Ce type de camping offre peu de services et d'infrastructures, mais peut être rentable pour des séjours courts et à petits budgets. Cependant, les revenus locatifs y sont plus faibles.

Il est important de se renseigner sur la clientèle type du camping avant d'investir. Si vous souhaitez cibler une clientèle familiale, il peut être intéressant de privilégier un camping avec des activités pour enfants et des infrastructures adaptées (parcs aquatiques, clubs pour enfants, etc.). Pour attirer une clientèle plus haut de gamme, vous devrez investir dans un mobil-home bien équipé, idéalement dans un camping de 4 ou 5 étoiles.

L'importance des services offerts par le camping

Les services proposés par le camping sont également un critère déterminant. Plus les infrastructures sont développées, plus il sera facile d'attirer des vacanciers. Parmi les services à considérer :

- **Piscines et parcs aquatiques** : La présence d'une piscine est un atout majeur. Les familles, en particulier, recherchent des campings qui offrent ce type d'infrastructures pour occuper les enfants et rendre leur séjour plus agréable.
- **Restaurants et commerces** : Un camping qui propose des restaurants, des épiceries ou des boulangeries sur place facilite la vie des vacanciers. Cela devient un critère important, notamment pour les longs séjours.
- **Animations et spectacles** : Des animations organisées (karaokés, soirées à thème, spectacles pour enfants) contribuent à l'attractivité du camping.
- **Activités sportives** : Les terrains de sport, les salles de fitness, ou encore les cours d'aquagym peuvent attirer des vacanciers actifs.

Un camping bien équipé est plus susceptible de garantir des taux d'occupation élevés. Les vacanciers préfèrent souvent payer un peu plus pour un mobil-home dans un camping avec des infrastructures complètes, plutôt que de choisir un camping avec peu de services.

Chapitre 4 : Quel type de mobil-home acheter ?

L'achat d'un mobil-home est une étape clé dans votre projet d'investissement. Il existe plusieurs types de mobil-homes sur le marché, avec des caractéristiques et des niveaux de confort variables. Le choix du bon modèle aura un impact direct sur votre rentabilité locative et sur la satisfaction des vacanciers. Dans ce chapitre, nous allons explorer les différentes options disponibles et les critères à considérer avant de faire votre choix.

Les différentes gammes de mobil-homes : standard, haut de gamme, éco

Le marché des mobil-homes propose un large éventail de modèles, adaptés à tous les budgets et à tous les besoins. Ces modèles se classent généralement en trois catégories : standard, haut de gamme, et éco.

- **Mobil-home standard** :

Le mobil-home standard est le choix le plus courant pour les investisseurs souhaitant se lancer dans la location. Ce type de mobil-home offre un bon compromis entre confort, coût d'acquisition et rentabilité. En général, un mobil-home standard comprend deux ou trois chambres, une cuisine équipée, une salle de bain, et un salon. Il peut accueillir entre 4 et 6 personnes, ce qui en fait un format idéal pour les familles ou les groupes d'amis. Les équipements y sont basiques mais fonctionnels.

Avantages : Bon rapport qualité-prix, facile à louer, adapté à une clientèle familiale.

Inconvénients : Peu de différenciation par rapport aux autres mobil-homes dans un même camping.

- **Mobil-home haut de gamme** :

Pour les investisseurs cherchant à attirer une clientèle plus exigeante, un mobil-home haut de gamme est une option intéressante. Ce type de mobil-home est plus spacieux et équipé de matériaux et d'aménagements de qualité supérieure. Il peut inclure des équipements supplémentaires comme la climatisation, une cuisine équipée de dernière génération, une terrasse en bois avec pergola, ou encore un jacuzzi privatif. Ces modèles sont souvent situés dans des campings 4 ou 5 étoiles, ce qui permet de justifier un loyer plus élevé.

Avantages : Loué plus cher, attire une clientèle aisée, forte différenciation.

Inconvénients : Coût d'acquisition plus élevé, loyers d'emplacement souvent plus chers.

- **Mobil-home éco** :

Le mobil-home éco est une option moins chère, souvent plus ancienne, et avec des équipements limités. Ce type de mobil-home est recommandé pour ceux qui cherchent à minimiser leur investissement initial. Il est particulièrement adapté aux campings 1 ou 2 étoiles qui accueillent une clientèle à petit budget.

Avantages : Faible coût d'acquisition, accessible même pour les petits budgets.

Inconvénients : Rentabilité plus limitée, attrait moindre pour les vacanciers en quête de confort.

Neuf ou d'occasion : avantages et inconvénients

Lorsque vous envisagez d'acheter un mobil-home, vous avez le choix entre un modèle neuf ou d'occasion. Chacune de ces options présente ses avantages et inconvénients.

- **Mobil-home neuf** :

Un mobil-home neuf est généralement synonyme de tranquillité d'esprit. Vous bénéficiez de la garantie constructeur (souvent deux ans), et vous avez la possibilité de personnaliser certains éléments. De plus, un mobil-home neuf respecte les dernières normes en matière de confort et d'efficacité énergétique.

Avantages : Aucun frais de réparation à court terme, moderne, attractif pour les locataires.

Inconvénients : Coût d'achat plus élevé, dépréciation rapide dès les premières années.

- **Mobil-home d'occasion** :

Acheter un mobil-home d'occasion permet de réduire significativement le coût d'acquisition. Il est possible de trouver des modèles en bon état à des prix très compétitifs, notamment dans des campings où les anciens propriétaires souhaitent se séparer de leur bien. Cependant, il faudra être vigilant quant à l'état général du mobil-home (isolation, plomberie, électricité) pour éviter de lourds frais de rénovation.

Avantages : Prix d'achat bas, possibilité de rentabiliser rapidement.

Inconvénients : Risques de réparations coûteuses, attrait moindre pour les locataires.

L'impact de la taille et des équipements sur la rentabilité locative

Le choix de la taille du mobil-home et des équipements intégrés aura un impact direct sur le potentiel de location. Un mobil-home plus grand, avec plus de chambres et d'équipements modernes, permet de demander un loyer plus élevé et d'attirer une clientèle familiale ou en groupe.

Taille :

Un mobil-home de petite taille (20 à 30 m²) convient pour des couples ou de petites familles, mais il limite la capacité d'accueil et donc le montant du loyer.

Un mobil-home de grande taille (40 m² et plus) permet d'accueillir jusqu'à 8 personnes. Cela le rend attractif pour des groupes ou des familles nombreuses, mais il faudra également prévoir un emplacement plus grand dans le camping, ce qui peut engendrer des frais supplémentaires.

Équipements :

Les équipements inclus dans le mobil-home peuvent aussi influencer le prix de la location. Un mobil-home avec climatisation, terrasse couverte, lave-vaisselle ou télévision à écran plat sera beaucoup plus attrayant pour les vacanciers. Certains équipements peuvent également prolonger la saison de location, comme le chauffage, qui permet d'accueillir des clients en dehors de la saison estivale.

En résumé, il est important de bien définir le profil de la clientèle que vous souhaitez attirer et d'adapter le choix du mobil-home en conséquence. Un modèle bien équipé dans un camping haut de gamme pourra justifier des loyers plus élevés et un taux d'occupation optimal.

Chapitre 5 : La réglementation liée à l'installation d'un mobil-home

L'installation d'un mobil-home dans un camping est encadrée par une réglementation spécifique, qu'il est impératif de bien comprendre avant de se lancer dans l'investissement locatif. Dans ce chapitre, nous allons explorer les différentes lois et règles qui régissent l'achat et l'installation d'un mobil-home, ainsi que les contrats de location d'emplacement dans les campings.

Les lois sur l'installation des mobil-homes dans les campings

En France, les mobil-homes ne peuvent être installés que dans des terrains aménagés à cet effet, comme les campings, les parcs résidentiels de loisirs (PRL) ou les villages de vacances. Contrairement à une maison ou un chalet, un mobil-home ne peut être installé de manière permanente sur un terrain privé sans autorisation spécifique.

- **Définition légale :**

Le Code de l'urbanisme français considère le mobil-home comme une "résidence mobile de loisirs". Il est classé comme un véhicule habitable transportable et non comme une habitation permanente. Il doit donc être installé sur des terrains spécifiquement dédiés à l'accueil de ce type de résidence.

- **Restrictions de durée :**

La législation impose que les mobil-homes installés dans les campings soient des résidences temporaires. En général, les mobil-homes ne peuvent être habités que durant une partie de l'année, la durée d'occupation étant réglementée par le camping et les autorités locales. Certains campings ferment durant la basse saison, limitant ainsi l'accès aux propriétaires et aux locataires.

- **Respect des normes environnementales :** Les campings et les PRL doivent respecter certaines normes environnementales, notamment en matière d'assainissement, de gestion des eaux usées, et de gestion des déchets. Il est également interdit d'installer un mobil-home sur des terrains situés dans des zones protégées (zones naturelles ou zones inondables) sans autorisation spécifique des autorités locales.

Les restrictions et obligations des propriétaires

En tant que propriétaire d'un mobil-home installé dans un camping, vous êtes soumis à des règles spécifiques qui encadrent l'utilisation de l'emplacement et les droits d'occupation. Le propriétaire d'un mobil-home est en réalité locataire de l'emplacement sur lequel il installe son bien.

- **Contrat de location d'emplacement :**

L'installation d'un mobil-home dans un camping nécessite la signature d'un contrat de location d'emplacement avec le gestionnaire du camping. Ce contrat précise les droits et devoirs du propriétaire ainsi que le montant du loyer annuel à payer pour l'utilisation du terrain. Ce loyer peut varier de manière significative selon le standing du camping et sa localisation géographique.

- **Frais d'entretien** :

En plus du loyer de l'emplacement, les propriétaires doivent s'acquitter de divers frais d'entretien pour les services fournis par le camping, comme l'entretien des espaces verts, l'accès aux infrastructures (piscine, restaurant, etc.), et la gestion des parties communes. Il est donc important de bien étudier ces coûts avant de signer un contrat avec un camping.

- **Assurance** :

Les propriétaires doivent également souscrire une assurance spécifique pour leur mobil-home, qui couvre les risques liés à l'incendie, les dégâts des eaux, et la responsabilité civile. L'assurance du camping ne couvre généralement pas les dommages subis par les mobil-homes privés, d'où l'importance de cette protection.

Le contrat de location d'emplacement dans le camping : aspects juridiques

Le contrat de location d'emplacement est un document clé que tout investisseur dans un mobil-home doit bien comprendre avant de s'engager. Ce contrat fixe les modalités d'occupation et définit les obligations respectives du camping et du propriétaire.

- **Durée du contrat** :

La durée des contrats de location d'emplacement varie selon les campings. Certains proposent des contrats annuels, d'autres des contrats pluriannuels (3 à 5 ans). Les propriétaires doivent s'assurer que les conditions de renouvellement du contrat sont clairement définies pour éviter des désagréments à long terme.

- **Rupture de contrat** :

Les clauses de rupture de contrat doivent être étudiées avec attention. Certains campings se réservent le droit de résilier le contrat si le propriétaire ne respecte pas les règles internes, ne paie pas le loyer à temps, ou en cas de modifications majeures apportées au mobil-home sans autorisation.

- **Cession du mobil-home** :

Il est également important de vérifier les clauses relatives à la revente du mobil-home. Certains campings imposent des restrictions sur la cession du mobil-home à un tiers ou exigent une commission lors de la revente.

En conclusion, il est essentiel de bien comprendre les aspects réglementaires avant d'investir dans un mobil-home. Le respect des lois et la négociation d'un bon contrat de location d'emplacement sont des éléments cruciaux pour assurer la pérennité et la rentabilité de votre investissement.

Chapitre 6 : Optimiser la rentabilité d'un mobil-home en location

L'un des objectifs principaux de tout investisseur est de maximiser la rentabilité de son investissement. Dans le cas d'un mobil-home, la rentabilité locative dépend de plusieurs facteurs, comme le taux d'occupation, la tarification des locations, la gestion des saisons et la visibilité de l'annonce de location. Ce chapitre va vous fournir des conseils pratiques pour tirer le meilleur parti de votre mobil-home en location et améliorer vos revenus.

Maximiser les périodes de location : basse, moyenne et haute saison

La location d'un mobil-home est marquée par une forte saisonnalité. Pendant les mois d'été, la demande explose dans les campings, surtout ceux situés dans les régions touristiques comme la côte atlantique, la Provence, ou encore la région PACA. Cependant, la saisonnalité peut limiter les revenus pour ceux qui ne parviennent pas à optimiser les périodes hors haute saison. Voici quelques stratégies pour maximiser le taux d'occupation tout au long de l'année.

- **Identifier les périodes creuses :**

Les mois de basse saison, généralement d'octobre à mars, voient une baisse drastique de la demande locative. Toutefois, certains campings restent ouverts et peuvent attirer des locataires pour des week-ends prolongés, notamment lors des vacances de la Toussaint ou les fêtes de fin d'année. Pensez à ajuster les prix pour ces périodes et à cibler des clients locaux ou des retraités, qui voyagent souvent en dehors des vacances scolaires.

- **Prolonger la saison moyenne** :

La saison moyenne, qui correspond au printemps (avril-mai) et à l'arrière-saison (septembre), offre de belles opportunités de location. Les familles avec de jeunes enfants ou les seniors qui ne sont pas contraints par le calendrier scolaire sont des cibles potentielles. Pour attirer ces vacanciers, vous pouvez offrir des promotions, comme des réductions pour les séjours de longue durée ou des offres spéciales pour les week-ends.

- **Louer à la semaine ou au week-end en haute saison** :

En haute saison (juillet-août), la demande est à son maximum. Pendant cette période, vous pouvez facturer des loyers plus élevés, surtout si votre mobil-home est bien situé. La plupart des locataires réservent à la semaine pendant l'été, mais vous pouvez également proposer des locations de courte durée (week-ends ou séjours de trois jours) pour maximiser les périodes où le mobil-home est libre.

Fixer le bon prix : comment ajuster en fonction de la demande

La fixation du prix de location est un élément essentiel pour optimiser vos revenus. Un prix trop élevé risque de faire fuir les locataires, tandis qu'un prix trop bas ne permettra pas de rentabiliser l'investissement. Voici quelques astuces pour bien fixer vos tarifs.

- **Analysez le marché local** :

Avant de définir vos tarifs, il est crucial de connaître les prix pratiqués par les autres propriétaires de mobil-homes dans le même camping ou dans les environs. Analysez les annonces de location sur des plateformes comme Airbnb, Abritel, ou encore LeBonCoin pour évaluer les prix selon la saison et les équipements offerts.

- **Adaptez vos prix en fonction de la saison** :

Les tarifs doivent être modulés selon la saison. En haute saison, vous pouvez augmenter vos prix de 50 % à 100 % par rapport à la basse saison. En revanche, pendant les périodes creuses, vous devrez peut-être appliquer des remises importantes pour attirer des locataires. Certains propriétaires utilisent des logiciels de tarification dynamique, qui ajustent automatiquement les prix en fonction de la demande locale et des disponibilités.

- **Proposez des offres spéciales** :

Pour encourager les réservations en basse saison, vous pouvez proposer des offres spéciales, comme une nuit gratuite pour une réservation de deux semaines ou des remises pour les séjours de longue durée. Ces offres sont souvent très attractives pour les familles qui cherchent à prolonger leurs vacances sans exploser leur budget.

Utilisation de plateformes de location en ligne (Airbnb, Booking)

Aujourd'hui, l'une des meilleures manières d'assurer la visibilité de votre mobil-home est d'utiliser des plateformes de location en ligne. Ces plateformes sont devenues incontournables pour la location de logements de courte durée. Voici comment optimiser leur utilisation.

- **Airbnb, Booking et Abritel** :

Ces plateformes vous permettent d'atteindre une audience internationale tout en facilitant la gestion des réservations et des paiements. Créez des annonces attractives en mettant en avant les atouts de votre mobil-home et du camping. Des photos professionnelles de l'intérieur et de l'extérieur du mobil-home sont indispensables pour susciter l'intérêt des locataires potentiels.

- **Optimisez votre annonce** :

L'annonce doit être claire et bien structurée. Mentionnez tous les équipements disponibles (climatisation, terrasse, barbecue, etc.), les services du camping (piscine, animations, restaurants), ainsi que les attractions touristiques à proximité. Pensez également à inclure des témoignages de locataires satisfaits dans les commentaires pour renforcer la crédibilité de votre offre.

- **Gestion des avis et de la communication** :

La réactivité est primordiale. Répondez rapidement aux questions des locataires potentiels et assurez-vous de maintenir une bonne communication pendant leur séjour.

Les avis laissés par les locataires après leur séjour sont essentiels pour attirer de nouveaux clients. Assurez-vous donc que le mobil-home soit toujours en parfait état et proposez des attentions particulières (café, conseils sur les activités locales) pour améliorer l'expérience client.

Chapitre 7 : Les coûts à anticiper et leur impact sur la rentabilité

Un investissement dans un mobil-home, bien que potentiellement rentable, nécessite de prendre en compte plusieurs coûts récurrents et ponctuels. Ces charges impactent directement votre rentabilité nette et doivent être anticipées afin de ne pas compromettre votre projet d'investissement. Dans ce chapitre, nous allons analyser les principaux coûts liés à l'acquisition et à la gestion d'un mobil-home en location.

Coûts d'entretien du mobil-home : réparations, maintenance

Comme tout bien immobilier, un mobil-home nécessite un entretien régulier. Ces coûts peuvent rapidement grimper si vous n'anticipez pas correctement les réparations et les remises à neuf nécessaires au fil du temps.

- **Réparations courantes** :

Avec l'usure normale, vous devrez effectuer des réparations régulières sur votre mobil-home. Cela peut inclure le remplacement des appareils électroménagers, la réparation des canalisations, le remplacement des rideaux ou des meubles abîmés. La nature des travaux à prévoir dépend de l'âge du mobil-home et de l'utilisation intensive qui peut en être faite pendant la haute saison.

Budget à prévoir : 500 € à 1 500 € par an, en fonction de l'état du mobil-home et des réparations nécessaires.

- **Entretien des équipements extérieurs :**

Si votre mobil-home est équipé d'une terrasse, d'un barbecue ou d'un espace extérieur, il sera important de les entretenir régulièrement. Une terrasse en bois, par exemple, doit être traitée contre l'humidité et les intempéries pour prolonger sa durée de vie. Les équipements extérieurs peuvent être endommagés par les intempéries, surtout dans les régions humides ou exposées aux vents.

Budget à prévoir : 200 € à 500 € par an pour l'entretien de la terrasse et des équipements extérieurs.

- **Rénovation périodique :**

Un mobil-home subit une dépréciation au fil du temps. Tous les 8 à 10 ans, il peut être nécessaire de procéder à une rénovation plus complète pour maintenir son attractivité. Cela peut inclure la rénovation de la cuisine, des salles de bain, ou encore la modernisation des équipements électriques.

Budget à prévoir : Entre 3 000 € et 8 000 €, selon l'ampleur des travaux.

Frais liés au camping : loyer de l'emplacement, charges supplémentaires

Le coût de location de l'emplacement dans le camping est l'une des charges les plus importantes pour un propriétaire de mobil-home. Le montant de ce loyer varie en fonction du standing du camping, de sa localisation et des services qu'il propose.

- **Loyer de l'emplacement** :

Ce loyer est généralement facturé annuellement par le camping. Dans un camping 3 étoiles, il peut se situer entre 2 000 € et 4 000 € par an. Dans un camping 4 ou 5 étoiles, il peut atteindre 5 000 € à 7 000 € par an, voire plus dans les zones très touristiques.

Budget à prévoir : De 2 000 € à 7 000 € par an.

- **Charges supplémentaires** :

En plus du loyer de l'emplacement, certains campings facturent des charges supplémentaires pour l'utilisation des infrastructures (piscine, restaurants, animations), ainsi que pour l'entretien des parties communes. Ces frais peuvent être inclus dans le loyer ou être facturés séparément.

Budget à prévoir : 500 € à 1 500 € par an.

Taxes et impôts : taxe d'habitation, TVA, impôt sur les revenus locatifs

Enfin, il ne faut pas oublier les impôts et taxes liés à la possession d'un mobil-home et à la location saisonnière.

- **Taxe d'habitation** :

Si votre mobil-home est utilisé comme résidence de loisirs et est installé de manière fixe sur un emplacement dans un camping, il est soumis à la taxe d'habitation, à moins que le camping soit ouvert moins de huit mois par an. Le montant de cette taxe varie en fonction de la localisation géographique du camping et de la taille du mobil-home.

Budget à prévoir : Environ 100 € à 300 € par an.

- **TVA** :

Si vous louez votre mobil-home en passant par des plateformes de location, la TVA peut s'appliquer sur vos revenus locatifs, selon votre statut fiscal. En France, un taux de TVA de 10 % s'applique pour les locations meublées touristiques sous certaines conditions.

- **Impôt sur les revenus locatifs** :

Les revenus générés par la location du mobil-home sont soumis à l'impôt sur le revenu. Deux régimes s'appliquent:

Le régime **micro-BIC**, qui permet un abattement forfaitaire de 50 % sur les revenus locatifs, si les recettes ne dépassent pas 77 700 € par an (en 2024).

Le régime **réel**, qui permet de déduire les charges réelles (entretien, frais de gestion, etc.) des revenus locatifs.

Budget à prévoir : Dépend des revenus locatifs et du régime fiscal choisi.

Chapitre 8 : Les avantages de l'investissement locatif dans un mobil-home

Investir dans un mobil-home peut offrir de nombreux avantages, notamment en termes de flexibilité, de rentabilité et d'accessibilité financière. Dans ce chapitre, nous allons détailler les principaux bénéfices liés à ce type d'investissement, en les comparant à d'autres formes d'investissement immobilier.

Un investissement accessible : faible capital de départ

L'un des atouts majeurs de l'investissement dans un mobil-home est son coût d'acquisition relativement bas, comparé à l'achat d'un bien immobilier traditionnel, comme un appartement ou une maison. Alors que l'immobilier classique nécessite souvent des apports financiers importants et un recours à des emprunts bancaires conséquents, l'achat d'un mobil-home représente une solution beaucoup plus abordable.

Un mobil-home neuf peut coûter entre 20 000 € et 50 000 €, en fonction de la taille, des équipements et du standing du modèle. Pour un modèle d'occasion, les prix peuvent descendre encore plus bas, entre 10 000 € et 25 000 €. Ces montants sont bien en-deçà du coût d'un appartement, même dans une ville de taille moyenne. Cela permet aux jeunes investisseurs, aux retraités ou à ceux qui souhaitent diversifier leur portefeuille immobilier, de se lancer plus facilement.

Le faible coût d'acquisition est également un avantage pour limiter le risque financier. En cas de problème de location ou de baisse de la demande, les pertes seront moins importantes qu'avec un investissement immobilier plus traditionnel et plus onéreux.

Gestion simplifiée : pas de copropriété ni de gros travaux

Un autre point fort de l'investissement dans un mobil-home est la simplicité de gestion. Contrairement à un appartement en copropriété, vous n'avez pas à gérer les assemblées générales, les frais de syndic, ni les éventuels conflits avec des copropriétaires. Ici, le bien est individuel et ne dépend que de vous en termes d'entretien et de gestion.

L'entretien d'un mobil-home est relativement simple et moins coûteux que celui d'un appartement ou d'une maison. Les travaux de gros œuvre, comme la toiture ou la structure, sont rares et souvent moins complexes à gérer qu'une rénovation d'immeuble. De plus, vous ne serez pas soumis à des obligations réglementaires aussi strictes que pour des immeubles (réglementations thermiques, par exemple), car un mobil-home est considéré comme une résidence mobile de loisirs et non comme un bien immobilier permanent.

Souplesse d'utilisation : location saisonnière ou personnelle

L'un des avantages les plus attrayants d'un mobil-home est la flexibilité qu'il offre en termes d'utilisation. En effet, vous pouvez à la fois le louer à des vacanciers pour en tirer un revenu, mais aussi en profiter vous-même durant certaines périodes de l'année. Ce modèle d'usage mixte est particulièrement apprécié par les propriétaires qui souhaitent rentabiliser leur bien tout en ayant un lieu de vacances personnel.

Cette souplesse est particulièrement appréciée des familles qui souhaitent disposer d'un lieu de villégiature tout en amortissant les coûts grâce à la location saisonnière. Vous pouvez également décider de louer votre mobil-home seulement pendant les périodes de forte demande, comme les vacances scolaires d'été, et en profiter vous-même durant les mois moins fréquentés, ce qui combine plaisir personnel et rentabilité financière.

Rentabilité locative intéressante en haute saison

Dans les régions touristiques très fréquentées, la demande pour des locations de mobil-homes est forte, notamment durant les mois de juillet et août. Si votre mobil-home est situé dans un camping bien noté et attractif, il est possible de dégager une rentabilité locative intéressante. Les loyers peuvent varier de 500 € à 1 500 € par semaine en haute saison, selon la taille du mobil-home et les services proposés par le camping. En louant votre mobil-home sur une période de deux à trois mois, il est tout à fait possible de couvrir une grande partie de vos frais annuels, comme le loyer de l'emplacement ou les frais d'entretien.

Les campings bien situés (proches de la mer, des montagnes ou d'autres attractions touristiques) bénéficient d'un taux d'occupation très élevé pendant la haute saison, ce qui assure une rentabilité régulière et prévisible pour l'investisseur.

Une demande touristique croissante

Le marché du tourisme en plein air est en pleine expansion. Les mobil-homes répondent à une demande croissante de la part de vacanciers à la recherche d'hébergements confortables et abordables, mais aussi en phase avec la nature. En France, le secteur de l'hôtellerie de plein air a connu une hausse de fréquentation ces dernières années, avec de plus en plus de touristes étrangers qui privilégient le camping pour leurs vacances.

Cette évolution vers un tourisme plus écologique et en plein air est une tendance durable, qui devrait continuer à soutenir la demande pour les mobil-homes dans les années à venir. Ce dynamisme permet aux investisseurs de bénéficier d'une demande locative stable et d'un marché en constante évolution.

Chapitre 9 : Les inconvénients et les risques à considérer

Bien que l'investissement locatif dans un mobil-home présente de nombreux avantages, il n'est pas sans risques ni inconvénients. Il est important de les connaître et de les évaluer avant de se lancer dans ce type d'investissement. Ce chapitre se penche sur les principaux obstacles et risques auxquels vous pouvez être confronté.

Dépréciation rapide du bien avec le temps

Contrairement à un bien immobilier classique (maison ou appartement), un mobil-home se déprécie rapidement au fil des années. Alors qu'un appartement peut prendre de la valeur avec le temps, surtout s'il est bien situé, un mobil-home suit un cycle de dépréciation, car il est considéré comme un bien de consommation. Après 10 à 15 ans, la valeur d'un mobil-home diminue considérablement, en raison de l'usure, de l'obsolescence des équipements et des matériaux.

Cela signifie que si vous envisagez de revendre votre mobil-home après quelques années, vous risquez de le vendre à un prix bien inférieur à celui de l'achat initial. Cette dépréciation rapide est l'un des inconvénients majeurs à prendre en compte, car elle peut impacter la rentabilité globale de votre investissement à long terme.

Incertitude sur la gestion du camping : fermeture ou changement de politique

Un autre risque important réside dans le fait que vous n'êtes pas propriétaire du terrain où est installé votre mobil-home. Vous louez un emplacement dans un camping, et votre contrat est soumis aux décisions du gestionnaire du camping. Ce dernier peut décider de ne pas renouveler votre contrat à son expiration, de modifier les conditions d'occupation (augmentation du loyer annuel, modification des services offerts, etc.) ou même de vendre le camping à un nouvel acquéreur, qui pourrait adopter une politique de gestion différente.

Dans certains cas, le camping peut fermer définitivement, ce qui vous oblige à déplacer votre mobil-home, une opération coûteuse et parfois difficile à réaliser. Cette incertitude sur l'avenir du camping est un risque à ne pas négliger, et il est important de bien choisir le camping et de se renseigner sur sa gestion avant d'investir.

Limitation de la saisonnalité : dépendance aux vacances et au tourisme

Un des défis majeurs de l'investissement locatif dans un mobil-home est la saisonnalité. En effet, contrairement à un bien immobilier traditionnel que l'on peut louer tout au long de l'année, la location d'un mobil-home est fortement concentrée sur les périodes de vacances scolaires et les mois d'été. Cela signifie que la rentabilité de votre bien est étroitement liée à la capacité d'attirer des locataires pendant la haute saison.

En basse saison (automne et hiver), la demande pour la location de mobil-homes est quasi inexistante, sauf dans les campings situés dans des zones spécifiques (régions montagneuses pour les sports d'hiver, par exemple). Cette dépendance à la saisonnalité peut affecter vos revenus et votre trésorerie, et il est essentiel d'avoir une bonne gestion des périodes creuses pour maximiser la rentabilité annuelle.

Contraintes liées à l'emplacement et à l'environnement du camping

Le choix de l'emplacement dans le camping est un élément crucial pour la réussite de votre investissement. Cependant, même en sélectionnant un bon emplacement, vous n'avez pas un contrôle total sur l'environnement autour de votre mobil-home. Les voisins, les activités du camping, et les infrastructures peuvent évoluer et affecter la tranquillité ou l'attrait de votre bien.

- **Proximité des animations** : Un mobil-home situé trop près des aires de jeux ou des zones d'animation peut subir des nuisances sonores, ce qui pourrait gêner vos locataires.
- **Qualité des services** : Si le camping néglige l'entretien de ses infrastructures (piscine, sanitaires, espaces verts), cela pourrait dégrader l'expérience des vacanciers et réduire votre taux d'occupation.

Coûts cachés : maintenance, assurance, frais de camping

Bien que le coût d'achat d'un mobil-home soit relativement faible, il est important de ne pas sous-estimer les coûts cachés qui peuvent venir grever votre rentabilité. Parmi ceux-ci, on peut citer les frais de maintenance régulière, les réparations imprévues, les frais liés au camping (loyer de l'emplacement, charges communes), ainsi que l'assurance pour protéger votre bien.

- **Maintenance** : L'usure normale du mobil-home (plomberie, électroménager, isolation) nécessite un entretien régulier. Un manque de maintenance peut entraîner des réparations coûteuses à moyen terme.
- **Assurance** : Une assurance spécifique pour le mobil-home est indispensable pour couvrir les risques d'incendie, de dégâts des eaux ou de catastrophes naturelles. Le coût de cette assurance varie en fonction de la valeur du mobil-home et de sa localisation.
- **Loyer de l'emplacement** : Ce loyer annuel peut représenter une charge importante, surtout dans les campings haut de gamme ou dans les régions très touristiques. Il est essentiel d'en tenir compte dans vos calculs de rentabilité.

Impact des fluctuations touristiques

Enfin, un risque à prendre en compte est l'impact des fluctuations du marché touristique. Des événements imprévus, comme des crises économiques, des pandémies, ou encore des aléas climatiques (canicule, inondations), peuvent réduire l'afflux de touristes dans certaines régions. Une baisse de la fréquentation touristique peut entraîner une diminution de vos revenus locatifs, surtout si le camping est situé dans une zone fortement dépendante du tourisme.

Pour atténuer ce risque, il est important de diversifier les sources de revenus en louant sur différentes périodes de l'année et en essayant de prolonger la saison touristique par des offres spéciales.

Chapitre 10 : Témoignages d'investisseurs ayant réussi

Dans ce chapitre, nous allons découvrir les témoignages de plusieurs investisseurs qui ont fait le choix d'acheter un mobil-home pour le louer et qui ont réussi à en tirer profit. Ces témoignages illustrent des parcours différents, des stratégies variées et les éléments qui ont contribué à leur succès.

Témoignage 1 : Un couple qui a diversifié son patrimoine avec un mobil-home

Marie et Julien sont un couple dans la trentaine qui avait déjà investi dans l'immobilier locatif traditionnel, possédant un appartement dans une grande ville. Après plusieurs années de gestion de cet appartement, ils cherchaient un moyen de diversifier leur patrimoine, mais sans s'engager dans un autre projet immobilier coûteux. C'est alors qu'ils se sont intéressés à l'investissement dans les mobil-homes.

Marie explique :

« Nous cherchions un investissement complémentaire, qui ne nécessite pas un apport trop important, mais qui puisse générer des revenus supplémentaires. Le marché des mobil-homes nous a tout de suite intéressés parce que c'était un secteur en pleine croissance, et nous avons vu une réelle opportunité de nous diversifier. »

Leur choix s'est porté sur un mobil-home d'occasion, situé dans un camping 4 étoiles en Vendée, à proximité de la mer. Le camping offrait de nombreux services : une piscine chauffée, des animations pour enfants, et un accès direct à la plage, ce qui leur a semblé être un argument de taille pour attirer des vacanciers.

Julien raconte leur expérience :

« Nous avons acheté un mobil-home d'occasion pour 22.000 €, ce qui était bien en dessous du prix d'un bien immobilier classique. Avec un loyer d'emplacement de 3.500 € par an, nous avons calculé que nous pourrions amortir notre investissement en cinq à six ans, à condition de louer pendant les deux mois d'été. »

Leur stratégie a été de proposer des séjours à la semaine pendant les mois de juillet et août à des tarifs compétitifs (1 200 € la semaine). Pour maximiser leurs chances de location, ils ont utilisé des plateformes comme Airbnb et Abritel, et ont rapidement atteint un taux de remplissage de 90 % sur la haute saison.

« Nous avons réussi à louer notre mobil-home quasiment tout l'été, ce qui a couvert nos charges et nous a permis de dégager un bénéfice dès la deuxième année. En plus, nous en profitons en septembre, quand le camping est plus calme. Pour nous, c'est vraiment un investissement gagnant ! »

Témoignage 2 : Un propriétaire de plusieurs mobil-homes dans différents campings

Thomas, un entrepreneur de 45 ans, a vu dans les mobil-homes une opportunité de générer des revenus passifs tout en diversifiant son portefeuille d'investissements. Plutôt que de s'arrêter à un seul mobil-home, il a décidé d'investir dans plusieurs mobil-homes situés dans différents campings.

« J'ai commencé par un premier mobil-home dans un camping familial près de Royan. J'ai rapidement vu que la demande était très forte pendant les mois d'été et que la gestion n'était pas aussi compliquée que je l'imaginais. Cela m'a donné envie d'aller plus loin », raconte Thomas.

Il a ensuite acquis un deuxième mobil-home dans un autre camping en Bretagne, puis un troisième dans le sud de la France. Chaque emplacement a été choisi en fonction de la fréquentation touristique, de la qualité du camping et de la proximité des plages ou des sites touristiques majeurs.

Sa stratégie repose sur la diversification :

« En ayant des mobil-homes dans plusieurs régions, je réduis les risques liés à la saisonnalité ou aux fluctuations du marché touristique local. Si une région connaît une mauvaise saison, il y a de fortes chances que les autres régions s'en sortent mieux. Cela me permet aussi d'attirer une clientèle variée, des familles, des retraités, des touristes étrangers... »

En cumulant ses revenus locatifs, Thomas parvient à dégager un bénéfice annuel confortable, qu'il réinvestit dans l'achat de nouveaux mobil-homes.

Témoignage 3 : Un investisseur qui a réussi à optimiser ses revenus avec la location courte durée

Sophie, une jeune cadre de 30 ans, a opté pour une stratégie différente en se concentrant sur la location courte durée pour son mobil-home. Contrairement à beaucoup de propriétaires qui privilégient des séjours d'une semaine ou plus, Sophie a choisi de proposer des locations de deux à trois jours, notamment pour les week-ends et les courts séjours.

Elle explique son approche :

« J'ai remarqué que dans la région où se trouve mon mobil-home, en Ardèche, il y avait une forte demande pour des séjours courts, notamment pour les week-ends prolongés et les vacances de dernière minute. Je me suis donc adaptée en proposant des séjours à partir de deux nuits, ce qui a attiré une clientèle différente : des couples, des groupes d'amis ou des familles qui souhaitent profiter de la nature sans prendre une semaine entière. »

Pour maximiser la rentabilité, Sophie a utilisé plusieurs plateformes de réservation en ligne, comme Airbnb et Booking.com, en s'assurant de bien gérer les réservations afin d'éviter les jours non loués. En louant plus fréquemment mais sur des périodes plus courtes, elle a réussi à générer des revenus constants sur des périodes où la demande est généralement plus faible, comme en mai ou en septembre.

« Le fait de proposer des courts séjours m'a permis d'avoir un taux d'occupation beaucoup plus élevé, même en dehors de la haute saison. Bien sûr, cela demande une gestion plus active, car il faut préparer le mobil-home entre chaque location, mais j'ai externalisé le ménage à une entreprise locale, ce qui me simplifie la vie. »

Grâce à cette stratégie, Sophie a pu atteindre un taux d'occupation annuel d'environ 80 %, bien supérieur à la moyenne pour un mobil-home en location. Elle envisage désormais d'investir dans un second mobil-home pour répéter ce modèle dans une autre région.

Chapitre 11 : Études de cas d'investissements ratés: erreurs à éviter

Dans ce chapitre, nous allons examiner plusieurs exemples d'investissements en mobil-home qui n'ont pas donné les résultats escomptés. Ces études de cas permettent de mieux comprendre les erreurs à éviter et les leçons à tirer pour maximiser ses chances de réussite.

Cas 1 : Achat d'un mobil-home dans un camping mal situé

Laurent, un père de famille de 45 ans, avait décidé d'acheter un mobil-home dans un camping en région rurale, loin des grandes attractions touristiques. Séduit par le faible coût de l'emplacement et l'atmosphère calme du camping, il pensait que l'achat représenterait une bonne affaire.

Cependant, la demande locative n'a pas été à la hauteur de ses attentes. « Le camping était joli, bien entretenu, mais il manquait cruellement de services et d'attractions à proximité. La clientèle n'était pas assez nombreuse, même pendant la haute saison », explique Laurent.

Le principal problème était la localisation. Situé dans une région peu touristique, le camping peinait à attirer des vacanciers. De plus, il n'offrait que peu de services : pas de piscine, pas d'animations, et très peu d'infrastructures pour les enfants. Résultat : Laurent n'a pu louer son mobil-home que durant trois semaines sur l'ensemble de l'été, ce qui était bien en deçà de ses prévisions.

Cette mauvaise expérience met en lumière l'importance cruciale de l'emplacement. Un camping éloigné des principales zones touristiques ou mal équipé est moins attrayant pour les vacanciers, ce qui réduit les chances de rentabiliser l'investissement.

Leçon à retenir : Choisissez un camping bien situé, proche des attractions touristiques et offrant des services attractifs pour maximiser le taux d'occupation.

Cas 2 : Mauvaise gestion des coûts liés à l'entretien et à la gestion locative

Isabelle, une enseignante à la retraite, avait acheté un mobil-home neuf dans un camping 4 étoiles sur la côte atlantique. Elle était convaincue de pouvoir le louer facilement pendant la saison estivale et ainsi couvrir ses frais annuels.

Malheureusement, Isabelle a rapidement été confrontée à des dépenses imprévues. « Le mobil-home était neuf, donc je pensais que je n'aurais pas de gros frais d'entretien. Mais entre les petites réparations, l'entretien de la terrasse, et les frais de gestion locative, les coûts se sont accumulés plus vite que prévu », raconte-t-elle.

Les frais d'entretien récurrents se sont avérés plus élevés que ce qu'elle avait anticipé. Par exemple, la terrasse en bois a dû être rénovée après seulement trois ans à cause des intempéries. De plus, elle n'avait pas pris en compte les frais supplémentaires pour assurer le nettoyage entre chaque location, qu'elle a finalement externalisé à une entreprise de ménage.

Isabelle a également sous-estimé les frais liés à la gestion de son annonce sur les plateformes de location. En plus des commissions prélevées par Airbnb et Abritel, elle a dû payer pour des services de photographie professionnelle et des frais de publicité pour maintenir son mobil-home visible sur ces plateformes très concurrentielles.

Résultat : après quelques années, les bénéfices qu'elle espérait dégager étaient largement entamés par les coûts de gestion et d'entretien.

Leçon à retenir : Il est essentiel de bien prévoir tous les coûts liés à l'entretien régulier et à la gestion locative pour éviter que les dépenses ne grignotent trop les revenus locatifs.

Cas 3 : Problèmes de réglementation et de contrat d'emplacement

Marc, un investisseur immobilier expérimenté, a décidé d'acheter un mobil-home dans un camping près de Nice. Il avait soigneusement sélectionné un camping bien situé, avec de bonnes infrastructures et une clientèle fidèle. Cependant, il n'avait pas pris suffisamment de temps pour lire les termes du contrat de location d'emplacement proposé par le camping.

« Je pensais que tout allait bien se passer, mais je me suis rapidement rendu compte que le contrat d'emplacement était plus restrictif que je ne l'avais imaginé », confie Marc. En effet, le camping imposait de lourdes restrictions sur les modifications ou améliorations à apporter au mobil-home, ce qui limitait sa capacité à rendre le bien plus attractif pour la location.

De plus, le contrat stipulait que le camping avait le droit de mettre fin à la location de l'emplacement avec un préavis de six mois, sans motif particulier. Un an après l'achat, Marc a reçu une notification indiquant que le camping souhaitait récupérer l'emplacement pour le réserver à une nouvelle clientèle plus haut de gamme. Il a donc été contraint de déplacer son mobil-home, ce qui a généré des frais importants, non prévus initialement.

Cette mésaventure souligne l'importance de bien comprendre les termes du contrat de location d'emplacement avant de s'engager. Les règles imposées par les campings peuvent fortement impacter la gestion et la rentabilité de l'investissement.

Leçon à retenir : Lisez attentivement le contrat de location d'emplacement et assurez-vous que vous comprenez toutes les clauses, notamment celles liées aux modifications, à la durée de location et aux résiliations anticipées.

Conclusion de ces études de cas

Ces différents témoignages et études de cas montrent que, bien que l'investissement dans un mobil-home puisse être très rentable, il est essentiel de bien préparer son projet pour éviter les mauvaises surprises. La localisation, la gestion des coûts et la compréhension des contrats sont des facteurs clés pour assurer le succès de ce type d'investissement.

Un bon emplacement, des prévisions de coûts réalistes, et une bonne gestion locative peuvent transformer un mobil-home en une source de revenus intéressante. Cependant, sans une préparation adéquate, les risques peuvent rapidement s'accumuler et réduire la rentabilité attendue.

Chapitre 12 : Entretenir et rénover un mobil-home pour maximiser sa durée de vie

Un mobil-home, bien que considéré comme un bien de loisirs, nécessite un entretien régulier pour conserver sa valeur et rester attractif pour les locataires. Contrairement à un bien immobilier classique, qui peut parfois voir sa valeur augmenter avec le temps, un mobil-home se déprécie plus rapidement. Cependant, avec un entretien adéquat et des rénovations ponctuelles, il est possible de prolonger sa durée de vie et de maintenir une bonne rentabilité locative. Dans ce chapitre, nous allons explorer les stratégies d'entretien et de rénovation à adopter.

Fréquence et nature des entretiens à prévoir

Un bon entretien est la clé pour maintenir un mobil-home en bon état et éviter les réparations coûteuses. Voici les principaux éléments à surveiller et à entretenir régulièrement.

- **L'extérieur du mobil-home :**

L'extérieur de votre mobil-home est particulièrement exposé aux intempéries, qu'il s'agisse de la pluie, du vent, ou des rayons UV du soleil. Il est donc essentiel de procéder à un nettoyage annuel pour enlever la saleté, la moisissure et les dépôts. Si votre mobil-home est en bois, un traitement régulier avec un produit protecteur contre l'humidité est nécessaire pour éviter que le bois ne pourrisse.

Fréquence : Un nettoyage annuel est recommandé, ainsi qu'un traitement tous les 2 à 3 ans si la structure est en bois.

- **La toiture** :

La toiture du mobil-home doit être inspectée régulièrement pour détecter tout signe de fuite ou d'usure. Les fortes pluies, la neige ou la grêle peuvent endommager les matériaux et entraîner des infiltrations d'eau. Si une fuite est repérée, il est important de la réparer rapidement pour éviter des dégâts plus importants à l'intérieur du mobil-home.

Fréquence : Inspection annuelle, surtout avant et après l'hiver.

- **Les équipements intérieurs** :

Les appareils électroménagers, la plomberie, et les installations électriques doivent faire l'objet d'un entretien régulier. La plomberie, par exemple, peut facilement se boucher en raison de la taille plus petite des tuyaux dans les mobil-homes. Il est conseillé de procéder à des vérifications avant la saison de location pour s'assurer que tout est en bon état de marche.

Fréquence : Vérification avant chaque saison, ou chaque trimestre si vous louez régulièrement.

- **Les installations de chauffage et de climatisation**:

Si votre mobil-home est équipé d'un système de climatisation ou de chauffage, ces équipements nécessitent un entretien régulier pour garantir leur bon fonctionnement et éviter les pannes en pleine saison. Un nettoyage des filtres et une vérification des systèmes sont nécessaires chaque année.

Fréquence : Inspection annuelle, avant la haute saison.

Quand et comment rénover un mobil-home pour qu'il reste attractif

Même avec un bon entretien, un mobil-home finit par vieillir et nécessite des rénovations pour rester attractif pour les vacanciers. Un mobil-home bien rénové peut non seulement se louer à un prix plus élevé, mais également attirer des locataires plus régulièrement, notamment en basse saison.

- **Rénovation de la décoration intérieure :**

La première étape pour rendre un mobil-home plus attrayant consiste souvent à moderniser la décoration intérieure. Les couleurs de peinture, les rideaux, les housses de canapé et les luminaires peuvent facilement être changés pour donner un aspect plus contemporain à l'intérieur. Optez pour des tons neutres et lumineux, qui plaisent à la majorité des locataires, et privilégiez des matériaux faciles à entretenir.

Fréquence : Tous les 5 à 7 ans.

- **Remplacement des appareils électroménagers :**

Un appareil défaillant peut nuire à l'expérience des locataires et affecter la réputation de votre mobil-home sur les plateformes de location. Il est donc crucial de remplacer régulièrement les appareils électroménagers pour garantir leur bon fonctionnement. Les vacanciers apprécient le confort moderne, comme un réfrigérateur en bon état, un four micro-ondes efficace ou une télévision à écran plat.

Envisagez de remplacer les appareils qui montrent des signes d'usure importante ou dont la technologie est obsolète. L'ajout de nouveaux équipements, comme un lave-vaisselle ou une climatisation, peut également accroître l'attractivité de votre bien et justifier une augmentation des loyers.

Fréquence : Tous les 7 à 10 ans, ou plus fréquemment en fonction de l'usage et des avis des locataires.

Modernisation de la salle de bain et de la cuisine

Les salles de bains et les cuisines sont souvent des espaces que les locataires scrutent de près. Moderniser ces deux pièces peut considérablement améliorer l'expérience des vacanciers et augmenter la rentabilité de votre mobil-home. Remplacez les meubles, les plans de travail et les sanitaires vieillissants par des modèles plus modernes et faciles à entretenir. Pensez également à ajouter des éléments pratiques, comme une douche à l'italienne, qui est de plus en plus prisée.

Pour la cuisine, des équipements récents et économes en énergie (réfrigérateur, plaque de cuisson) sont des atouts pour attirer des vacanciers, en particulier ceux qui préfèrent cuisiner eux-mêmes pendant leur séjour.

Fréquence : Tous les 10 ans ou plus, selon l'état général et les attentes des locataires.

Rénovation de la terrasse et des espaces extérieurs

La terrasse est un élément crucial pour un mobil-home, surtout pendant les mois d'été. Les vacanciers apprécient un espace extérieur bien aménagé pour se détendre. Si votre mobil-home dispose d'une terrasse en bois, il est nécessaire de la traiter régulièrement contre l'humidité et les UV. Vous pouvez également envisager de la moderniser en installant un auvent ou une pergola, ce qui offrira plus d'ombre et ajoutera de la valeur à votre bien.

De plus, soigner l'aménagement des espaces verts autour de votre mobil-home, si vous en avez la possibilité, peut aussi être un facteur de différenciation important par rapport à d'autres offres de location.

Fréquence : Entretien annuel de la terrasse, rénovation complète tous les 8 à 10 ans.

Anticiper les coûts de rénovation et les intégrer dans la rentabilité

Les rénovations, même minimes, représentent un coût qu'il est essentiel d'anticiper pour ne pas voir sa rentabilité diminuer au fil des années. Lorsque vous établissez un plan d'investissement, prévoyez une réserve pour les travaux de rénovation qui seront inévitables après plusieurs années d'utilisation.

Vous pouvez répartir ces coûts sur plusieurs années en intégrant un budget annuel dédié aux petites rénovations ou travaux d'entretien. Cela vous évitera d'avoir à débourser une somme importante d'un coup pour des travaux lourds. L'idéal est de considérer chaque rénovation comme un moyen d'augmenter la valeur locative du mobil-home et de prolonger sa durée de vie sur le marché.

Chapitre 13 : Revente et fin d'investissement : que faire après plusieurs années ?

Comme tout investissement, un mobil-home n'est pas éternel. Après plusieurs années d'utilisation et de location, il peut arriver que vous souhaitiez revendre votre bien ou passer à un autre modèle. Il est important de bien comprendre quand et comment revendre un mobil-home pour maximiser la valeur résiduelle et optimiser la gestion de la fin de l'investissement. Dans ce chapitre, nous allons examiner les différentes options qui s'offrent à vous une fois que vous avez décidé de mettre fin à votre investissement.

À quel moment envisager la revente de son mobil-home ?

La durée de vie d'un mobil-home est généralement estimée entre 15 et 20 ans. Cependant, plusieurs facteurs peuvent influencer le moment où il devient pertinent de songer à la revente de votre bien. Voici quelques signes indiquant qu'il pourrait être judicieux de revendre :

- **Dépréciation accélérée :**

Après une dizaine d'années, un mobil-home commence à perdre de sa valeur de manière plus significative. Si vous constatez une baisse de l'attractivité de votre bien (avis clients moins enthousiastes, baisse des demandes de location), c'est peut-être le bon moment pour envisager une revente avant que la dépréciation ne soit trop importante.

- **Réparations trop coûteuses** :

Si les frais d'entretien et de réparation augmentent et commencent à peser lourd sur la rentabilité de votre investissement, c'est un autre indicateur qu'il pourrait être plus rentable de vendre. De plus, un mobil-home plus ancien pourrait nécessiter des travaux de mise aux normes qui peuvent se révéler coûteux.

- **Changement de gestion dans le camping** :

Si le camping dans lequel est installé votre mobil-home change de gestionnaire ou adopte une politique différente (augmentation des loyers d'emplacement, réduction des services, etc.), cela peut aussi motiver une revente avant que la situation ne devienne moins favorable.

- **Évolution personnelle** :

Peut-être que vos priorités ou votre situation personnelle ont changé. Si vous n'avez plus l'intention de gérer un investissement locatif, ou si vous souhaitez investir dans un autre type de bien (immobilier classique, résidence secondaire), la revente de votre mobil-home peut vous offrir une opportunité de liquidités.

Stratégies pour maximiser la valeur de revente

Même si un mobil-home se déprécie avec le temps, il existe plusieurs moyens de maximiser sa valeur de revente. En mettant en place une stratégie adaptée, vous pouvez attirer des acheteurs potentiels et obtenir un prix de vente plus élevé.

- **Rénovations avant la revente :**

Avant de mettre votre mobil-home en vente, il peut être intéressant de réaliser quelques rénovations pour le moderniser et le rendre plus attractif. Cela peut inclure la remise à neuf de la peinture intérieure, le remplacement des équipements vieillissants, ou la rénovation de la terrasse extérieure. Ces améliorations relativement peu coûteuses peuvent augmenter la perception de qualité et justifier un prix de vente plus élevé.

- **Vente avec contrat d'emplacement :**

Un mobil-home vendu avec un contrat d'emplacement dans un camping bien situé sera plus attractif pour les acheteurs. Si possible, essayez de négocier avec le camping pour garantir au nouvel acquéreur une continuité dans le contrat de location d'emplacement. Les acheteurs seront plus enclins à investir si le mobil-home est déjà installé dans un camping réputé et bien géré.

Un mobil-home vendu avec un contrat d'emplacement actif dans un camping bien noté sera plus attractif pour les acheteurs, surtout si ce camping jouit d'une bonne réputation ou est situé dans une zone touristique prisée. Assurez-vous de bien négocier avec le camping pour que le contrat puisse être transféré au nouveau propriétaire, car cela apportera de la tranquillité d'esprit à l'acheteur et facilitera la transaction. Les acquéreurs sont souvent plus intéressés par un mobil-home qui n'a pas besoin d'être déplacé, ce qui évite des coûts logistiques supplémentaires.

- **Mettre en avant les atouts du camping et du mobil-home :**

Lors de la mise en vente, il est important de bien présenter non seulement le mobil-home, mais aussi les avantages offerts par le camping dans lequel il est situé. Si le camping dispose d'une piscine, d'animations, ou d'un accès privilégié à des plages ou des sentiers de randonnée, mettez ces éléments en avant dans l'annonce. Montrez aussi les avis positifs que vous avez reçus lors des locations précédentes pour rassurer les acheteurs potentiels quant à l'attractivité de l'emplacement.

- **Choisir le bon moment pour vendre :**

Tout comme pour la location, le marché de la vente de mobil-homes peut être saisonnier. Les acquéreurs potentiels sont généralement plus nombreux à rechercher un mobil-home avant la saison estivale, car ils souhaitent profiter immédiatement des revenus locatifs ou des vacances en famille. Essayez de synchroniser la mise en vente avec cette période d'intérêt maximal, soit entre le début du printemps et la fin de l'été.

Alternatives à la revente : que faire si vous ne souhaitez pas vendre ?

Si la revente n'est pas une option que vous envisagez ou que vous préférez conserver votre mobil-home, il existe d'autres solutions pour continuer à en tirer profit, même après plusieurs années d'exploitation.

- **Louer sur le long terme** :

Si vous trouvez difficile de gérer les rotations fréquentes de locataires saisonniers, vous pouvez envisager de louer votre mobil-home sur une période plus longue à des personnes qui cherchent un logement temporaire. Cela peut être des travailleurs saisonniers, des retraités cherchant à s'installer dans un camping pendant une longue période, ou encore des expatriés. Ce type de location à plus long terme vous assurera un revenu constant sans avoir à gérer les aspects de la location courte durée.

- **Passer à un autre modèle de mobil-home** :

Si votre mobil-home actuel devient obsolète mais que vous ne souhaitez pas arrêter cet investissement, il est possible de le revendre et d'en acheter un nouveau modèle, plus moderne, pour continuer à profiter des revenus locatifs. Cela peut vous permettre de maintenir votre attractivité auprès des vacanciers tout en modernisant l'offre. Les mobil-homes plus récents ont souvent de meilleures performances énergétiques et un design plus attrayant, ce qui peut justifier une augmentation des loyers.

- **Transformer le mobil-home en usage personnel** :

Si vous trouvez que la gestion locative devient trop complexe ou moins rentable avec le temps, vous pouvez simplement conserver votre mobil-home pour un usage personnel. Cela peut devenir une résidence de loisirs pour vous et votre famille, que vous pourrez utiliser à votre guise, sans vous soucier de la rentabilité locative. Vous économiserez sur les frais de vacances tout en profitant d'un lieu de repos personnel.

Conclusion : anticiper la fin de l'investissement

Tout comme pour l'achat et la gestion d'un mobil-home, la revente ou l'arrêt de l'exploitation doit être bien préparé pour éviter les mauvaises surprises. Il est essentiel d'anticiper ces moments et de planifier en conséquence, que ce soit en rénovant pour maximiser la valeur de revente, en transférant le contrat d'emplacement au nouvel acquéreur, ou en explorant des alternatives à la revente. En adoptant une approche proactive, vous vous assurez de tirer le meilleur parti de votre investissement, même en fin de cycle.

Conclusion : Bilan et conseils pratiques pour réussir son investissement locatif dans les mobil-homes

Nous voici à la conclusion de ce guide sur l'investissement locatif dans les mobil-homes. Au fil des chapitres, nous avons exploré de nombreux aspects de cette forme d'investissement atypique mais potentiellement très rentable, à condition de bien comprendre ses spécificités et d'adopter une gestion adaptée.

Résumé des points clés pour réussir :

- Choisir le bon emplacement :

La localisation est essentielle pour attirer des locataires. Un camping proche de la mer, d'une station de montagne ou d'une grande attraction touristique est souvent un gage de succès. Avant d'acheter, visitez plusieurs campings et évaluez leur potentiel en termes de fréquentation, de services offerts, et d'attractivité pour les vacanciers.

- Optimiser la gestion locative :

La gestion de la location de votre mobil-home doit être efficace pour maximiser le taux d'occupation et la rentabilité. Utilisez des plateformes de location en ligne pour toucher une clientèle large et internationale, tout en étant réactif aux demandes des locataires. Proposez des séjours adaptés à la demande locale (courts séjours, promotions en basse saison) pour augmenter vos chances de location.

- **Anticiper les coûts** :

Au-delà de l'achat du mobil-home, il est crucial de prévoir tous les coûts supplémentaires liés à l'entretien, au loyer de l'emplacement, aux charges du camping, aux réparations et aux éventuelles rénovations. Ces coûts doivent être pris en compte dans vos calculs de rentabilité pour éviter les mauvaises surprises.

- **Gérer les périodes de location et la saisonnalité** :

La location d'un mobil-home est souvent marquée par une forte saisonnalité, avec une demande concentrée sur la haute saison (été). Cependant, en adoptant une stratégie flexible, vous pouvez optimiser les périodes creuses avec des offres promotionnelles ou des locations de courte durée, par exemple pour les week-ends prolongés ou les vacances scolaires.

- **Entretenir et rénover régulièrement** :

Pour conserver votre mobil-home attractif et éviter une trop forte dépréciation, un entretien régulier est nécessaire. De plus, quelques rénovations bien choisies (remplacement d'équipements, modernisation de la décoration, amélioration des extérieurs) peuvent prolonger la durée de vie de votre bien et justifier une augmentation des loyers.

Conseils pour les débutants : pièges à éviter

- **Ne pas sous-estimer les frais d'entretien :**

Certains nouveaux investisseurs pensent qu'un mobil-home, du fait de sa petite taille, nécessite moins d'entretien qu'une maison ou un appartement. Cependant, la réalité est que les réparations et la maintenance peuvent représenter une part importante des coûts, en particulier si vous n'êtes pas vigilant.

- **Bien comprendre le contrat d'emplacement :**

Le contrat de location d'emplacement dans le camping est un élément crucial. Lisez attentivement les clauses liées à la durée de location, aux conditions de rupture de contrat, et aux restrictions imposées par le camping. Un contrat trop contraignant peut limiter votre flexibilité ou augmenter vos coûts sans que vous ne l'ayez prévu.

- **Éviter les emplacements isolés ou mal desservis :**

L'attrait touristique est primordial pour la location d'un mobil-home. Un camping isolé, mal desservi ou avec peu d'attractions touristiques aux alentours aura du mal à attirer une clientèle régulière, surtout en basse saison. Mieux vaut payer un peu plus pour un emplacement bien situé que de devoir lutter pour attirer des locataires dans un lieu moins fréquenté.

Perspectives d'avenir pour l'investissement locatif dans les campings

Le marché des campings en France est en constante évolution, avec une demande croissante pour des séjours en plein air, en particulier dans un contexte où le tourisme durable et les vacances "nature" prennent de l'ampleur. Les mobil-homes, en tant qu'hébergement confortable mais abordable, répondent parfaitement à ces nouvelles tendances.

Toutefois, comme pour tout investissement, il est essentiel de rester vigilant face aux changements du marché. Les attentes des vacanciers évoluent, avec une demande croissante pour des équipements modernes, une meilleure connectivité (Wi-Fi), et des expériences personnalisées. Les investisseurs qui sauront s'adapter à ces nouvelles exigences tout en maîtrisant leurs coûts auront toutes les chances de réussir.

Conclusion finale

L'investissement locatif dans les mobil-homes est une opportunité accessible et potentiellement rentable, à condition de bien en comprendre les spécificités et d'adopter une gestion rigoureuse. Que vous soyez à la recherche d'un complément de revenu ou d'une diversification de votre portefeuille, les mobil-homes peuvent offrir une solution intéressante, surtout dans les zones touristiques attractives.

En suivant les conseils présentés dans ce guide, vous pourrez maximiser vos chances de succès et éviter les pièges courants qui guettent les nouveaux investisseurs. Que vous optiez pour un usage locatif intensif ou un usage mixte (location et utilisation personnelle), ce type d'investissement peut être à la fois gratifiant et source de plaisir.

Bonne chance dans vos futurs investissements, et que vos mobil-homes attirent de nombreux vacanciers heureux !

www.ingramcontent.com/pod-product-compliance
Lightning Source LLC
Chambersburg PA
CBHW031540210526
45464CB00003B/1081